# 소녀룩 패션코디
# 종이인형

안연지(안) 지음

## 머리말

어릴 적 친구들과 함께 하는 종이인형 놀이는 구입해서 오리는 재미를 느끼게 해주었고,

스토리를 만들면서 놀 때는 시간을 잊게 했던 신나는 놀이였습니다.

단순히 오리는 것을 좋아해서 저녁마다 종이인형을 한 장씩 사들고 오던 친구도 있었습니다.

그때는 몰랐는데 지금 생각해보면 단순하다면 단순했던 오리기 행위가

집중력도 높여주고 친구들 간의 유대감도 느끼게 해주었다는 생각이 듭니다.

가끔은 직접 그림을 그려서 오리기도 했습니다. 그리고 그렇게 그림을 그리며 놀던 아이가

지금은 그림을 그리는 사람이 되었습니다. 굳이 어떤 사람이 되어야겠다는 생각이 없었을 때

막연히 즐겼던 놀이 행위가 지금의 저를 있게 해주었습니다.

그리고 종이인형을 그리며 그때의 추억에 빠져 행복한 시간을 보냈습니다.

독자분들 또한 추억의 종이인형 놀이를 현대판으로 만든 〈소녀룩 패션코디 종이인형〉을 통해

힘들었던 일을 잠시나마 잊고 행복한 시간을 보내길 바라봅니다.

## 차례

# 오늘은 어떤 룩을 고를까?

## 1. 걸리시룩

소녀다운 느낌을 주는 패션 스타일을 말합니다. 어린 소녀처럼 입는 리틀걸룩(little girl look)과 인형의 옷처럼 입는 베이비돌룩(baby doll look), 여학생의 교복처럼 단정하고 깔끔하게 입는 스쿨 걸 룩(school girl look) 등이 있습니다. 로맨틱하면서도 소녀의 순수한 이미지를 잘 드러내는 것이 특징입니다

## 2. 레이디라이크룩

1950년대에서 1960년대에 유행한 여성다운 룩을 말합니다. 허리가 잘록한 원피스나 우아한 풀 스커트 등으로 여성미를 강조하고, 몸의 곡선을 잘 살린 클래식 스타일로 셰이프 슬림(shape slim)이라고도 합니다.

## 3. 마린룩

바다, 해병, 해군, 선원 등과 관련된 모티브를 활용한 패션 스타일입니다. 세일러룩(sailor look), 미디룩(middy look)이라고도 부릅니다.

## 4. 보헤미안룩

보헤미안은 프랑스어로 집시를 뜻하는 말로 집시룩(gypsy look)이라고도 불리며, 민속적인 느낌이 나면서 헐렁한 느낌으로 옷을 겹쳐 입는 스타일입니다. 집시들의 복장을 모티브로 하는 보헤미안룩은 사회 관습에 구애되지 않는 자유롭고 자연친화적인 의상 스타일입니다.

## 5. 레이어드룩

레이어드란 '층이 있는, 층을 이룬'의 의미로 옷을 여러 겹으로 겹쳐 입는 스타일을 말합니다. 안에 입은 옷이 겉으로 보이도록 입거나, 원피스 안에 팬츠를 입거나, 길이를 달리 한 스커트를 겹쳐 입는 등 일반적인 구성을 무시하고 자유롭게 겹쳐 입는 것이 특징입니다.

## 6. 밀리터리룩

육군 군복의 디자인을 모티브로 하는 패션 스타일로 데저트룩(desert look), US 아미룩(US army look), 카키룩(khaki look), 카무플라주룩(camouflage look) 등으로 다양하게 표현됩니다. 카키, 브라운과 그린 컬러, 군복처럼 얼룩덜룩한 무늬를 가진 컬러가 특징입니다.

## 7. 록시크룩

록(rock)과 시크(chic)의 합성어로 로큰롤, 그래피티, 펑키 등의 락 의상을 시크한 분위기로 연출하는 스타일입니다. 가죽 재킷, 블랙 스키니진, 화려한 프린트의 T 셔츠, 가죽 부츠, 망사 스타킹, 스터드와 체인 장식의 볼드한 액세서리를 주 아이템으로 스타일링합니다.

## 8. 웨딩룩

웨딩드레스(wedding dress)는 결혼식 때 입는 드레스입니다. 주로 화이트, 크림, 아이보리 색이 쓰이며 새틴, 쉬폰, 레이스, 오간디 등으로 청초하고 우아한 느낌이 들도록 합니다. 머리에는 꽃을 꽂거나 티아라 등의 보석 장식을 하며, 소매가 짧은 드레스의 경우에는 장갑을 착용합니다.

## 9. 파티룩

파티드레스(party dress)는 파티의 성격에 따라 다르지만 보통 평상시보다 화려하고 과감한 디자인의 드레스를 입습니다. 공단, 오간디, 망사, 레이스와 화려한 장신구를 이용해서 자신만의 파티룩을 연출해 보세요.

# 소녀룩 패션코디 종이인형 자르기 Tip

**1. 검은 선을 위주로 자르세요.**

행동의 다양성을 위해 각각의 의상에 맞는 팔을 따로 그려주었습니다. 검은색 선을 따라 자르고 팔 사이의 흰색 부분은 자르지 않습니다. 팔 사이를 자르면 뒤가 보일 수 있습니다.

**2. 목 부분이나 신발은 선이 보이지 않게 자릅니다.**

자르기 쉽게 하기 위해 목이나 신발부분은 여유를 두어 그렸습니다. 적절히 검은 선이 보이지 않게 잘라서 활용하세요.

**3. 처음엔 크게 구분을 지어 자르세요.**

처음부터 외곽선을 따라 자르면 힘듭니다. 먼저 외곽선 바깥으로 여유를 두고 큰 덩어리 형태로 자른 후 외곽선을 따라 자르세요.

**4. 한 번에 이어서 자르기보다는 끊어가며 자르세요.**

가위질을 계속 이어서 자르다 보면 외곽선 따라가는 것에만 집중되어서 힘들게 종이인형을 돌려가며 자르게 됩니다. 한 번에 자른다고 생각하지 마시고 외곽선이 꺾이는 부분이나 굴곡이 있는 부분에선 가위질을 끊은 후 방향을 바꿔서 자르세요.

**5. 불필요한 부분들을 잘라가며 자르세요.**

외곽선만 따라 가위질을 하다 보면 필요 없는 바깥쪽 부분이 가위나 손가락 등에 걸려서 불편합니다. 적절하게 불필요한 부분들을 잘라내며 가위질을 이어가면 편해요.

**6. 접는 부분은 뒷면에 테이프를 붙여 주세요.**

종이인형은 자주 접다 보면 접는 부분이 떨어져나갈 수 있습니다. 자주 접는 고리 부분은 뒷면에 투명 테이프를 붙여주면 좋습니다.

**7. 접히는 부분은 넉넉하게 잘라도 됩니다.**

옷을 입힐 때 고정을 시켜주는 접히는 부분을 자를 땐 굳이 외곽선에 딱 맞추실 필요는 없습니다. 여유 있게 잘라주고 더 필요하다 싶은 부분은 더 잘라서 접어도 돼요.

**8. 창의적으로 잘라보세요.**

간혹 긴 머리의 종이인형은 옷 입힐 때 고정시켜주는 부위가 인형의 긴머리에 걸릴 때가 있습니다. 그럴 때엔 과감히 어깨선을 따라서 살짝 잘라주세요. 훨씬 깔끔하게 옷이 입혀집니다.

### 기억해주세요!

오랜 시간 종이인형을 집중해서 자르다 보면
눈이 아프거나 손가락 관절이 가위에 눌려 아플 수 있으니 천천히 쉬어가며 자르세요.

걸리시룩

봄, 여름

걸리시룩

가을, 겨울

레이디라이크룩

봄, 여름

레이디라이크룩
가을, 겨울

마린룩

보헤미안룩
봄, 여름

보헤미안룩

가을, 겨울

레이어드룩

봄, 여름

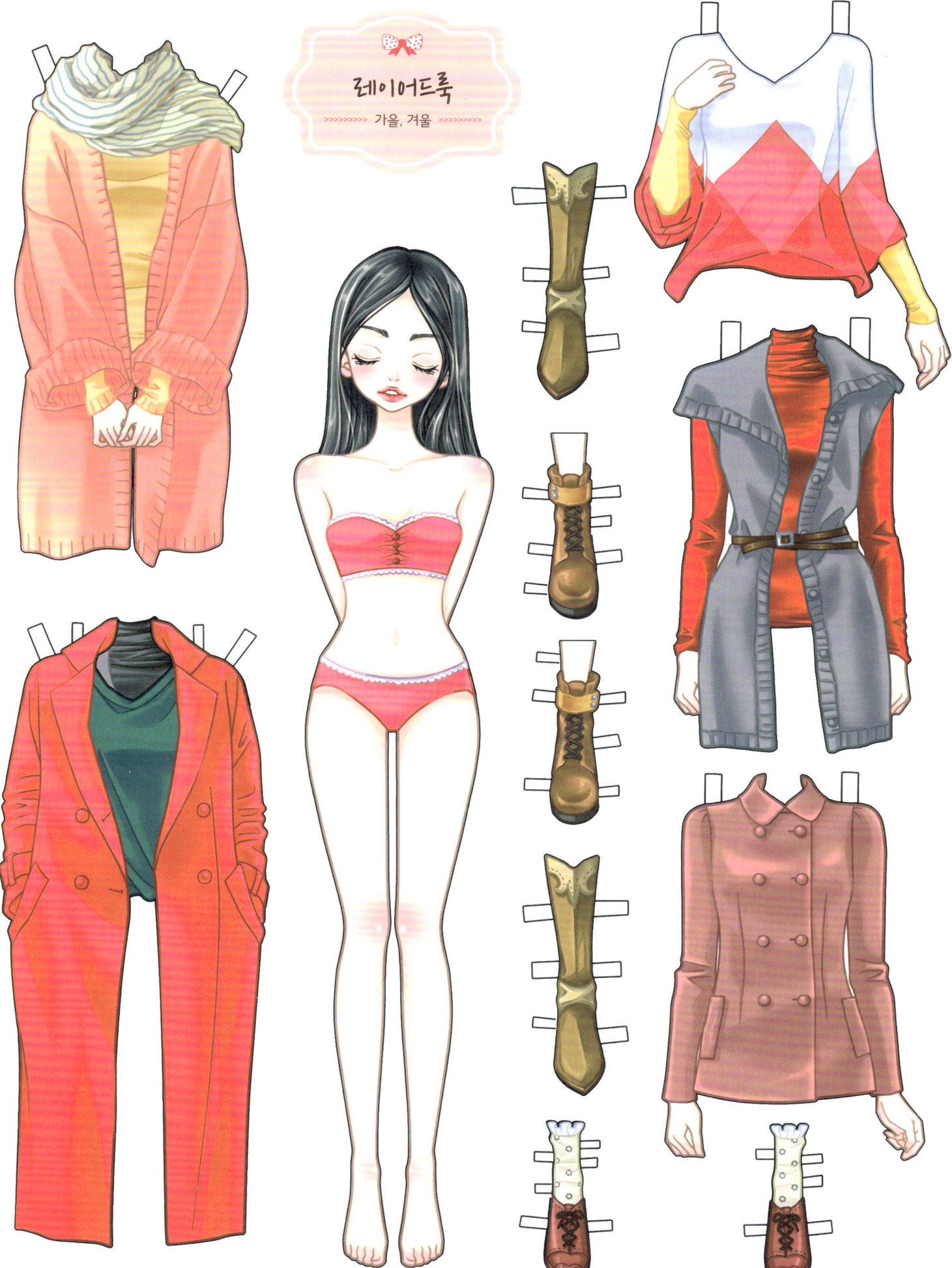

레이어드룩
>>>>>>> 가을, 겨울 >>>>>>>

밀리터리룩

록시크룩

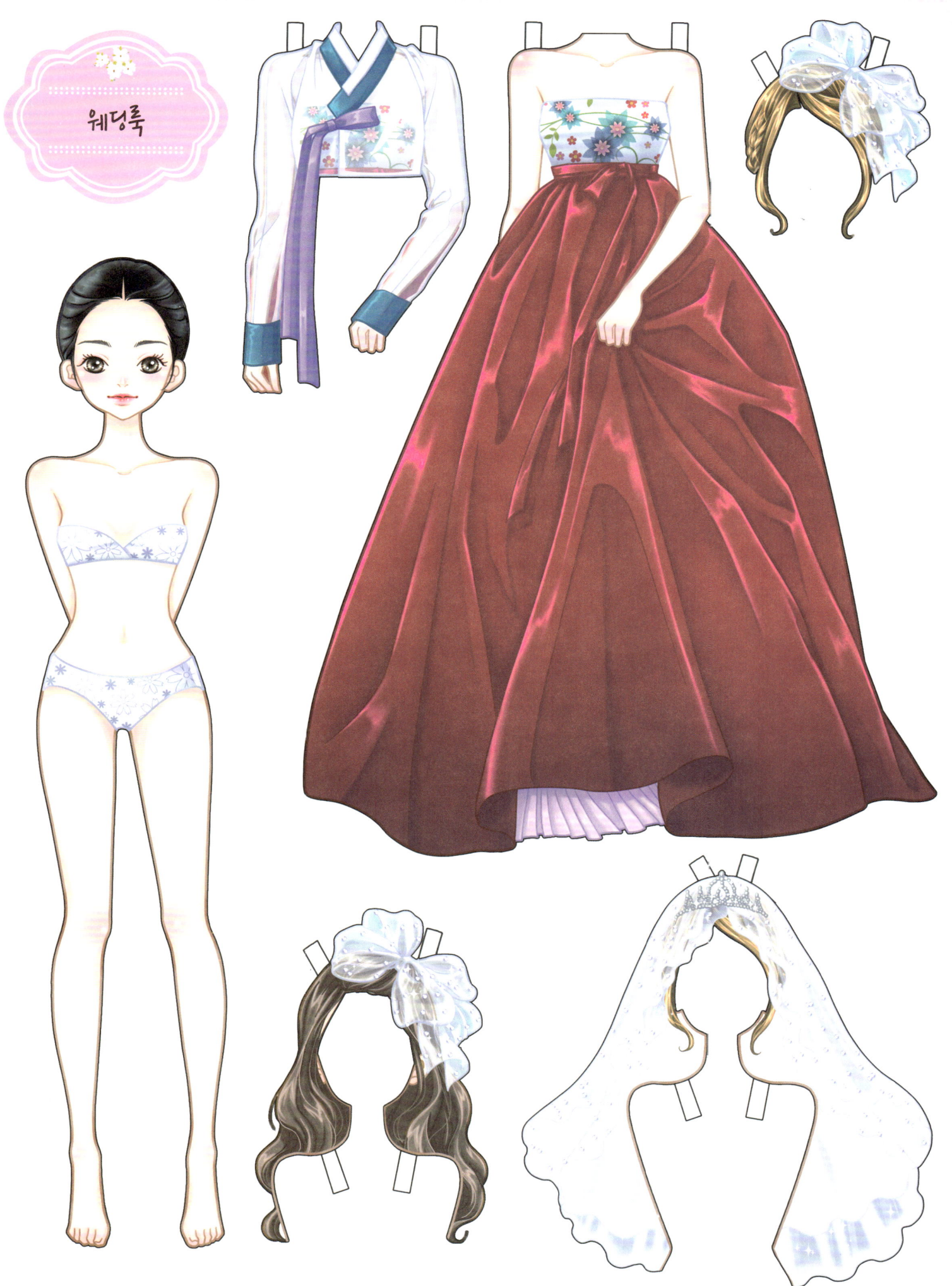

웨딩룩

파티룩

코디용
헤어와 가방

※ 룩별 코디로 맞추지 말고 다양하게 활용해 보세요~

# 안연지(안)

종이인형과 색칠공부를 좋아하는 키덜트로 순정만화 잡지 신인 공모전을 통해 순정만화가로 데뷔하였다. 다양한 패션 아이템을 좋아하지만 직접 꾸미는 것보다는 그림으로 나타내는 것을 좋아하는 타고난 일러스트레이터이다. 전작으로는『소녀룩 패션코디 컬러링북』,『열두 살 리아의 용기』,『잘 먹으면 예뻐져요!』,『말 잘하는 Girls의 바른 언어 습관』,『프린세스 체인지』,『Before and After 매직 스킨』,『트윈스 러브배틀』등 학습만화부터 동화까지 다양한 작품을 해왔다. 풋풋한 캐릭터들이 희망을 향해 나아가는 글과 그림을 그리고 싶다.

새록새록 재미있는 추억의 놀이 ❶
**소녀룩 패션코디 종이인형**

1판 10쇄 펴냄  2024년 2월 20일

지 은 이  안연지(안)
펴 낸 이  정현순
디 자 인  이용희

펴 낸 곳  ㈜북핀
등    록  제2021-000086호
주    소  경기도 부천시 조마루로 385번길 92
전    화  032-240-6110 /  팩스  02-6969-9737

ISBN  979-11-958238-2-6  13650
값  12,000원